初學羽球

想學好羽球就需要一本武功秘笈，
擁有好的武功秘笈，可讓你事半功倍喔！

高幸利 著

序

　　台灣的氣候和各種條件都十分適合發展羽球，接觸羽球運動是從國小四年級開始，當時無意間進入了羽球校隊，然後國中進入了羽球重點學校─成淵國中，國中畢業前被網羅成為台電女子羽球隊，同時展開了專業的訓練，一直到大學期間，曾經參加了世界青少年羽球賽、中華台北公開賽、日本公開賽、韓國公開賽、印尼公開賽、馬來西亞公開賽、新加坡公開賽、中國公開賽及羽球最高榮譽世界盃羽球錦標賽、蘇迪曼盃和優霸盃等國際比賽。

　　筆者以前是選手，現在是教育工作者，深切體會到羽球擊球的基本動作有如金字塔的根基，假如基本擊球動作不正確，將影響日後球技的進步。筆者在教學時，發現羽球運動初學者或一般對羽球運動有興趣者，對羽球運動的觀念不甚瞭解，不瞭解正確的基本擊球動作之重要性和整個擊球動作的過程，只是一味盲目練習，一段時間後，養成不正確的擊球動作，往往造成很大的浪費和損失，甚至影響其羽球生涯。接觸了羽球運動十多年，深深感受到國內羽球書籍相當的少，坊間也未能有

一本詳實、清楚的羽球書，期以本書協助各位有志羽球運動者建立正確的觀念，不只是苦練，更要用對方法，期望在學習過程中事半功倍。

　　本書主要在介紹羽球的相關知識及技巧，尤其是動作技巧介紹時利用文字及真人示範分解動作及要領，希望讀者能馬上領悟並思考自己動作的正確性。再者由於目前正是新舊規則交替階段，有許多人還是不清楚新規則，所以在第三章節介紹最新羽球規則，藉由重點提示及圖表說明來讓讀者釐清當中的差異。這本羽球書，只是個開始，未來計畫將更深入的羽球訓練實務內容及最新資訊介紹給大家，也期待這次的拋磚引玉，能鼓勵更多在羽球運動有心的朋友，大家集思廣益，共同開創台灣羽球的里程碑！

　　本書的付梓，筆者要衷心的感謝國中游阿萬老師及大學階段教練紀世清教授的鼓勵，奧運國手簡佑修學弟百忙之中抽空所做的專業示範動作；以及長庚技術學院體運組同仁在纂寫過程中所給予的建議。同時也誠懇希望讀者讀過本文之後，若有心得或指正之處，請不吝來信或賜下電子郵件（Email：slkao@mail.cgit.edu.tw）。

目次

你不能不知道的
羽球常識

羽球的歷史

　　羽球運動的起源眾說紛紜，大致的說法是起源於亞洲，是種類似毽子的遊戲，十九世紀六〇年代，退役的英國軍官從印度孟買帶回英國一種類似羽毛球運動的遊戲，名為「普那」（poona）。1873年，英國波菲特公爵在Badminton村（格洛斯特郡）的莊園宴請賓客，從印度回來的英國軍官作了「普那」表演。從此，「Badminton遊戲」（Game of Badminton）在英國開始流傳。這種遊戲就是羽球運動。1893年英國成立了世界上最早的羽球協會，並於1898舉辦了第一次的正式比賽。1899年舉辦了首屆全英羽球錦標賽。二十世紀初，羽球運動由英國傳到大英國協各國，隨後又傳到美洲、亞洲、大洋洲各國，最後傳到非洲。1934年國際羽球總會成立，簡稱IBF，有49個會員國、16個臨時會員國，英國、法國、加拿大、紐西蘭、丹麥、荷蘭、愛爾蘭、蘇格蘭、威爾士、美國、西德、印尼等國為主要會員國，總部設在倫敦，1939 年國際羽毛球總會通過了會員國共同遵守的《羽球規則》。

　　國際羽球總會於1948年度舉辦了第一屆湯姆斯盃賽（國際男子羽球團體錦標賽），1956年度舉辦了第一屆優霸盃賽（國

際女子羽球團體錦標賽）。1978年2月，亞、非、拉丁美洲地區的發展中國家發起成立世界羽球總會 （簡稱世界羽總）與國際羽球總會並存。1978年世界羽球總會舉辦第一屆世界羽球錦標賽，1979年舉辦了第一屆世界盃團體賽和第二屆世界羽球錦標賽。為了讓世界羽球運動能穩定的發展，經過許多國家羽球界的共同努力下，國際羽球總會和世界羽球總會於1981年05月26日宣佈合併，統一稱為國際羽球總會。合併後的國際羽總對過去的比賽進行了修改，把每三年舉辦一屆的湯姆斯盃及優霸盃比賽改為每兩年一次，均在雙年舉行；過去九場制的湯姆斯盃及七場制的優霸盃賽都改為五場制；還規定，逢單年進行一次世界錦標賽。直到目前為止，國際羽球總會的會員國家已有147個國家。

羽球運動禮儀

任何運動在球場上對於禮儀作法都有所規定，羽球也不例外。運動場上遵守禮貌與道德，那是各項運動良好體育精神的表現。任何一項運動的比賽，在技術上是相互間爭奪得如何猛烈，但講究禮貌及保有道德觀念，這是少不了的。

當在比賽的開始，結束及進行中，都有著他們傳統的習慣，必須遵守。如有違律，即會遭到裁判的糾正，大會的處決

初學羽球

與觀眾們的議論。尤其是在廣大的觀眾面前，正是十目所指，眾目昭彰地從球場的每個角落，都能夠銳利地監視著看得清清楚楚。如有越軌行動，雖有幸運沒有被裁判看到而免於受罰，但那是會遭到觀眾們的眾說紛紜的。所以在羽球場上有幾點要注意的：

1. 必須穿著整齊運動服裝。
2. 比賽進行中不可發出擾亂對方的聲音。
3. 交換場地時不可從球網下方穿過。
4. 羽球回還對方時不可從網下擊回，球必須在球網上方擊入對方。
5. 裁判判定必須絕對服從。
6. 在正式的比賽中，如遇對方擊來很明顯的是界外球，不可以故作還擊，這是捉弄的舉動。
7. 當一方對所用的羽球感到不滿意而要求你同意調換時，不必過於心窄而不允許。如對方多次的無理調換，裁判也會加以阻止的。
8. 團體賽開始比賽前，雙方先列隊，先禮後兵，互相握手。
9. 當球賽結束時，不論戰果是勝或是負，都應該互相握手為禮，不要因球賽輸了，而不理會對方。同時還要向裁判握手，表示感謝。

國際羽總位於何處？

國際羽球總會（International Badminton Federation，簡稱IBF）1934年創立於英國的格洛斯特夏（Gloucestershire），該地止是羽球的發源地。創立當時，會員有加拿大、丹麥、英格蘭、法國、愛爾蘭、荷蘭、紐西蘭、蘇格蘭、威爾斯等，截自2004年為止，**全世界有147個國家為IBF的會員。**

羽球的構造

1. 以軟木為基座、其外表僅包一層薄皮。
2. **羽球需有16根羽毛、固定於基座上。**
3. 羽球長度以62公厘至70公厘之間為限、但每一羽球的頂端長度應為一致。
4. 羽球羽毛頂端、應圍成直徑約為58公厘至68公厘圓形。
5. 羽球的羽毛需以線或其他適合的材料編紮牢固。
6. 插植羽毛的橫斷面、應有25公厘至28公厘直徑、底部成圓形。
7. 羽球的標準重量在 4.74 至 5.50 克間。

羽球的穩定性

　　羽毛的排列照國際標準為直徑58-68公釐之間，若是直徑越小，則阻力相對越小，球也比較會飛，球頭比較重時也會有相同情形。品質好的羽球可在各種不同的環境下仍然能保持高度穩定的飛行軌跡和精確的落點。為了了解品質的好壞，可在特定的溫度、角度和一種速度打擊的羽球落在恰當的距離範圍內的比率來判斷羽球的等級。此外結構的排列與羽毛柄的脆度也是影響羽球是否耐打的因子，羽毛柄與軟木間的膠黏的不牢或綁羽毛之間的線上膠不夠厚，會打沒多久就崩壞，球頭重心若不均，在飛行間會晃動。另有些廠商不希望未開封前因空氣中的濕氣而影響品質，故改為易開罐包裝，而如果羽毛太脆（冬天的毛比較脆），打沒幾下就斷，可將球筒蓋打開以水蒸氣薰，使羽毛含有濕氣而較軟些。

球拍的保養方式

1. 選擇良好穿線人員或店家為您的球拍穿線。
2. 穿線時最好選擇四點以上固定之穿線機穿線。

3. 球拍不用時，應將球拍置於球拍套內。

4. 盡量勿將球拍置於高溫下（高於60度）或長期置放於陽光下曝曬之車輛內。

5. 球拍使用過後應置於陰涼通風處，使握把之汗濕風乾再放入球拍袋內。

6. 勿讓球拍撞擊堅硬物體或敲擊地上。

球袋的保養

一般擁有大型球袋的羽球愛好者，該如何整理自己的球袋呢？多層式之設計，可有效保護球拍，使球拍不會受到擠壓而相互磨擦，另球袋中除了放個三四支羽球拍和羽球外，有的人還會將更換服裝、球鞋、球網、以及一些小零件，如握把布、護腕……等，全放在袋中。因此建議**球拍每次打完後回去將袋口打開一些，讓殘留在握把或拍面的汗水能充分蒸散**，並可將乾燥劑放在袋中，球袋宜放在陰涼通風處，避免日光照射，否則在高溫下會造成拍子變形，比較講究一點的還可以有芳香劑來去除握把汗臭。

球袋若有分二層，則球拍應獨自分開，另外一些尖銳的東西若放在小暗袋中，應注意是否會磨擦到拍面上的線；換洗的濕衣服要另外用袋子裝起來，含有液體的東西像自備的飲料或

運動噴劑要提防滲出，最後妥善放置一柄小剪刀，**當拍子一旦斷線能立刻剪掉以防拍框變形。**以上所述希望愛好羽球者能常記在心，讓大家更了解如何保養球拍及球袋。

球線簡介

市面上羽球線牌子繁多直徑約為0.065-0.07公分，長約為10公尺，其材質不外乎尼龍、羊腸線及化學合成多層樹脂等，目前以化學合成的纖維線為最普遍其編線方法又因需要的不同，而有不同的纏繞方式。如果剛開始對穿線的鬆緊（也就是磅數）沒什麼概念的話，可以向熟人先借球拍試打，看甚麼樣的磅數最適合你，然後根據你打球習慣去穿線：**低磅數的線，拍面較軟，因此球停留的時間較長，在處理細膩的球較為順手：反之高磅數則球速快，適合殺球。**所以自己本身要瞭解自己攻擊模式為何，才能有一支球拍與線配合的武器，最後要注意的一點就是，**儘量避免汗或水去沾到拍面，**這樣會使線容易軟掉，以前的羊腸線，雖然彈性佳，但幾乎「見水即溶」，所以一定得了解線的特性以做妥善保養。材質方面，基本上現在都是使用化學合成材質，所以只要你是用化學合成線應該都是沒有什麼太大的問題。

磅數方面，大致上可以分為：

初學者：20磅以下

中級者：20-25磅

上級者：25磅以上

　　但是呢，當你打球打到中級者以上的時候，你應該是靠技術以及腳步取勝，而非一味的計較在球線磅數之上。加上每個人的身體承受狀況不同，過高的磅數會造成自己身體上的負擔並且增加受傷的風險，磅數這東西是兩面刃，高磅數因為反彈空間變小，利於控制，但是相對的震動也比較強，給手的負擔也相對的增加許多。所以應該使用多少磅，請讓你自己的身體告訴你就可以了。球線以及球拍都一樣，只要順手就是OK。不需要一直去追求磅數。

給一般球友的建議：

　　如果不是專業球員，沒有接受過專業的訓練，不建議使用超過25磅，主要是因為

1. 減少球拍和球線壽命：磅數過高造成拍框的壓力及拍面拉力過大使球線易斷。

2. 不適應者容易受傷：與其在這上面計較數字，倒還不如請個教練來磨練一下技術來的比較重要喔！

場地

目前的羽球場地分水泥地、木板和PU 場地，在水泥場地上一遇有摔跌、受傷等情形發生，情況往往比木板和 PU 場地嚴重，所以不適合當作比賽場地。至於木板和 PU 場地則各有千秋，木板地比較容易因潮濕或比賽時選手所流下的汗造成場地濕滑，而 PU 場地雖與木板地同樣具有彈性，但 PU 具有吸震能力，因此**國際比賽都採 PU 場地做比賽場地。**

球鞋

在球鞋的選擇上，為防止受傷及針對比賽場地而需穿著合適的球鞋：好的羽球鞋的設計和材質必須達到防滑、耐磨、避震、反彈、透氣、輕便舒適的要求。**羽球鞋的鞋底大都由生膠或人工橡膠所合成，目前鞋底有些是功能性設計，例如網狀性**

設計或於大底的部分打孔，可加強止滑力及透氣性；而鞋面大都是高密度 PU 皮及透氣網布設計；而鞋後跟則有高彈力的減震墊設計，可減緩衝擊力及增強彈跳力，坊間有些排球鞋都可當羽、排二用鞋，但不同廠牌設計的鞋底又會因所適合的場地不同，製作過程時，鞋底硬度也不同，所以在購買時須謹慎選擇以免花冤枉錢！人工橡膠的鞋底有分硬底和軟底，硬底就彷如網球鞋適水泥或磨石子地，軟底則被設計來打 PU 場地，不論穿著的鞋子為何，最重要是要有個觀念，就是在**室內打球的鞋子能夠要打時才穿，一來可以避免鞋子弄髒，二來可避免鞋底沾滿灰塵而變滑**，如此便能延長鞋子的使用壽命。

羽球是一種移動迅速的劇烈運動，我們常常可以看到在場上的羽球選手忽左忽右的快速移動，而這種移動常會帶給腳部滿大的負荷，因此球鞋的選擇十分重要，好的羽球鞋必須有好的膠底以及具有強抓地力、良好避震效果及穩定性好，**同時球鞋必須是平底的也就是腳尖和腳跟必須是同厚的**，如此可避免移動而造成腳踝的扭傷……所以，**千萬記得別穿慢跑鞋或籃球鞋打羽球哦**！因為慢跑鞋多是前低後高的設計，易造成扭傷狀況發生。

球拍

目前市面上有許多標榜結合科技材質的球拍，原則上是將部分材質補強可分為奈米級超鋼性碳纖維、高係數碳素纖維、高係數碳素纖維加鈦片合金、高彈性碳素纖維＋鈦合金網、四點鈦合金、超高剛性碳纖維等及一般全碳纖維、碳鋁合體、等多種材質，以初學者來說一般碳纖維球拍就非常好了。

選擇球拍時要注意幾點：

1. 重量要合適，其實並不是拍子越輕越好，拍子輕揮動速度雖然快，但高手在殺球時會感覺使不上勁，會影響擊球的力量。

2. 檢查拍子的整體結構，拿到拍子可揮動一下，也可一手握住球拍柄，一手扶住球拍框掰一掰，當拍子有些微彎曲，證明球拍較有彈性。

3. 根據每個人的手型大小，挑選拍柄，以握住拍柄感覺舒適為宜。手大的人，握較細的拍柄會有不舒適之感；手小的人，握粗大的拍柄也不相稱。最後可檢查一下拍框有無變形、裂縫或整體彎曲等。

所以建議初學者買球拍時，只要拿起來順手，不會覺得頭重重的，原則上，大致可以選用了，與任何一家的廠牌，或是高價位的才順手，基本上是沒有絕對關係，純是個人的認知或是心裡因素。不需要迷信，某某品牌或是等級，主要是您自己羽球水平技術如何？

熱身及收操

運動前的適當活動，可以提高體溫，伸展身體各部位的肌肉，不僅可以避免運動傷害的發生，而且全身各部位配合良好，運動比賽更容易有好成績。**在開始運動前，首先應進行身體全面的、一般性的準備活動，如身體自上而下各個關節的活動，包括**

1. 頸部——作轉頭及左右繞轉動作，可避免在打高遠球和繞頭球時，脖子扭到。
2. 手——先轉動手腕及手臂、肩、肘關節伸展。
3. 腰——做前仰後仰動作後，再做轉體與側彎運動。
4. 膝蓋——旋轉膝關節。

5.腿部──大腿內側、前側、後側及小腿的伸展、拉筋。

然後要進行一些專項準備活動，如揮拍活動（可做8字形揮拍練習及各動作空揮拍練習）、起動步法及前後左右各方向的步法跑動練習。**準備活動的量與時間要控制好，不能不動，也不能太猛，應以身體覺得發熱、微微出汗為最佳**，再者一下場熱身不應太過用力，在身體未出汗前，過度用力反而容易造成傷害，所以球場上會控制球比用力打球來得重要多了！打球後收操是很重要的，養成收操的習慣會讓自己打球的壽命延長許多，可避免過度運動而造成乳酸堆積使得肌肉產生酸痛的情形並且減少因打球而造成的傷害，如果硬體設施允許最好再洗個熱水澡會對疲勞的減輕及乳酸的堆積有不錯的幫助，尤其若是騎車去打球的朋友，一定要注意保暖，也許初期身體還沒什麼感覺，但長久累積下來對身體一定會造成不小的傷害，小小建議希望對大家有幫助。

羽球運動傷害介紹
（本篇節錄自羽球運動傷害之成因與處理─陳淑女）

較常發生傷害的部位是足與踝；而男生較女生易發生傷害，推論原因是男生的關節活動度較大、速度較快。以羽球運動為休

閒的人較專長運動選手容易受傷，原因是優秀運動員是因較長的運動與練習時間而受傷，而休閒球員則由於訓練、體能、技術、裝備等因素較差，故有較高的受傷率。而羽球傷害的平均復原期相當長，約48天，其中許多是因過度使用所導致之傷，因為可以忍痛繼續練習，如此可以解釋為何傷害的修復期較長。羽球傷害的機轉大抵是因：

1. 鞋與地表之交互作用如高摩擦、低吸震（Monch & Jorgensen. 1983）

2. 羽球鞋無腳跟支持墊高足跟及吸震力低（Jorgen 1989）

3. 擊球時所需之旋轉肌群肱三頭肌及肘部肌群有不適當的柔軟度和肌力。

傷害種類

一、熱病的介紹與預防

由於羽球運動為避免風及氣流之干擾，是在較為密閉式無風的室內比賽。比賽時選手流汗，汗氣無法蒸發，或蒸發後缺少氣體流動，導致室內悶熱，容易發生皮膚乾燥、臉紅、排汗機能受干擾，導致四肢無力、頭暈、目眩、嚴重者會想嘔吐、下瀉或食慾不振、精神不振、傭懶。

※處理：

在炎熱天氣下，缺乏訓練者不做或少做持續時間長，體力消耗大的訓練活動。尤其在中午時刻，夏季中午12-15時陽光最強時。若感覺頭痛、頭昏則要到陰涼處休息。

注意水份、鹽份的攝取。每日至少補充30-50克鹽，可服用鹽水或含鹽飲料。

非比賽時，可於通風對流處休息。不要一直在不良環境下「適應」。

治療時若患者清醒，將患者迅速移至陰涼處，用冷水冷敷頭頸部並補充飲料。

二、肩部傷害

肩、肘、腕之間有相互的關連，在前手擊球和後手擊球時，屈曲、伸直的運動須加上肩部的內轉／外轉旋轉，才能產生最大力量之活動。所以訓練時宜將這些所使用的肌群之肌力訓練及伸展列入考慮。殺球時過度使用，會導致肱二頭肌拉傷或發炎。另外，三角肌、斜方肌、旋轉肌群、菱形肌等肩部肌群易因揮拍擊球動作之過度使用且無適當之休息及治療，而導致發炎。

（一）夾擊症候群

※**起因**：

　　由於擊球時，肩關節常要做向前、外展、過頭的動作，致使肱骨大結節撞擊到肩胛骨的肩峰，引起不適。

※**症狀**：

　　棘上肌、肱二頭肌長頭和肩峰前緣的肩峰下黏液囊和喙突肩峰韌帶損傷造成肩外展60-120度時（90度時最痛）會有肩峰下疼痛的現象，觸診亦會痛。

※**處理**：

　　漸進暖身、緩慢伸展，急性期休息、冰敷、壓迫，慢性期可做熱療。

（二）習慣性脫臼（Recurrent dislocation）

　　正確的肩關節脫臼處理至少應固定一個月，且其周圍的軟組織也需治療癒合。若未完全癒合，而再繼續活動會造成關節腔未完全癒合且局部產生不良之結痂，使關節腔空間變大、活動空間變大，形成活動到某一個角度即發生脫臼現象。若無完整正確之治療，情況將持續，久而久之會引起局部血液循環不良。

23

※起因：

內轉、外轉之肌力不平衡、關節囊過度鬆弛或關節囊不夠鬆弛，大抵是指後關節囊。

※症狀：

劇痛，肩關節不穩定。

※處理：

冰敷控制出血，固定視同骨折處理法。在後期肩膀穩定後，要做肩之等長伸展，在可忍受痛的程度下做肌力復健。運動前做預防性貼紮。

急性傷害的處理原則
（摘自台灣運動傷害防護學會──常見的骨骼肌肉傷害）

- P：保護患處，避免再次傷害
- R：休息。
- I：冰敷，使微血管收縮
  減少出血；降低代謝速率

減少肌肉痙攣的現象

・C：壓迫，控制發炎與出血

・E：抬高，減緩出血與組織液滲出量

※冰敷的方法與注意事項

・注意事項

－特殊疾病不冰敷

－防止凍傷（加水、濕布、膠膜）

－避開表淺神經（尺神經、腓神經）

・冰敷方法

－每小時一次

－每次15-20分鐘（約至麻感消失）

初學羽球

國際羽球大賽
源由介紹

湯姆斯盃（Thomas Cup）

湯姆斯的全名為喬治・湯姆斯，是英國著名的羽毛球運動員，多次獲得英國羽毛球冠軍。他曾連續4次獲得全英羽毛球錦標賽男子單打冠軍，9次男子雙打冠軍，6次混合雙打冠軍。他21歲時開始獲得冠軍，並且年年有冠軍入帳，他最後一次拿冠軍時已41歲。1934年7月國際羽聯成立時，他被推選為第一任主席。5年（1939年）後，湯姆斯在國際羽聯會議上提出，舉辦世界性男子團體比賽的時機已成熟，並將為這一比賽捐贈一個獎盃，稱為「湯姆斯盃」。

此建議得到大會的贊同，但由於第二次世界大戰的爆發，原定1941年前後舉辦的這項杯賽被耽擱下來。二戰結束後，國際羽聯終於在1948年至1949年間，在蘇格蘭舉辦了第一屆湯姆斯盃賽，當時有10個國家和地區參加了比賽，馬來西亞成為第一個名稱刻在湯盃上的國家，而每次比賽的冠軍隊將「湯盃」帶回本國，保留至下屆比賽開始。

從1984年起，該項團體賽改為每兩年舉辦一屆，比賽分為預賽、半決賽、和決賽三階段。六支出線隊伍加上東道國（直接進入決賽）、上屆冠軍，共八個隊伍進入決賽階段的比賽。

八支隊伍分成2個組循環比賽,參賽隊伍須在賽前14天選出4～10名運動員,按照當時世界排名,列出第一到第三單打,第一到第二雙打及替補運動員名單。(每名運動員最多只能參加一場單打和一場雙打。)而且賽制也從以往兩天9場5勝(5單4雙)改為一天5場3勝(3單2雙)。湯姆斯盃至今已舉辦了24屆,以印尼隊獲得冠軍次數最多

優霸盃(Uber Cup)

1950年,前英國羽毛球冠軍貝蒂‧優霸女士向國際羽毛球聯會表示,願意送出一座獎盃作為一項羽毛球團體賽的獎項,引發國際間討論舉辦世界女子羽毛球團體賽的構思。直至1953年,優霸盃賽事細則正式落實,並於1956至57年間正式舉行第一次比賽。優霸盃現已成為世界最高榮譽的女子羽毛球團體賽事。

優霸盃賽制在1982年以前是每三年舉辦一次(採7場4勝),自1984年開始,則跟湯姆斯盃賽一樣,改為每兩年舉辦一次(採5場3勝)。優霸盃至今已舉辦了二十一屆,共有四個國家曾經奪魁。當中以中國的成績最輝煌,曾八次摘冠;其次為五次勝出的日本;印尼及美國則分別各勝三次。

中華女子代表隊在2006年在日本一舉擊敗南韓獲得優霸杯團體羽球賽決賽第三名，超越了我國女子羽球優霸盃史上最佳紀錄，令人贊賞。

世界羽球錦標賽
（World Badminton Championships）

世界羽球錦標賽是國際羽聯在湯姆斯盃及優霸盃後，為了適應世界羽球運動日益發展需要而設立的以個人單項為競賽項目的羽球錦標賽。

1934年國際羽球聯合會在英國成立，是第一個世界性的羽球組織。1978年世界羽球聯合會成立，決定每兩年舉行一次世界羽球單項比賽，即世界羽球單項錦標賽。賽事進行5個單項的比賽（男、女單打；男、女雙打；混合雙打）。

1988年國際羽聯決定世界羽球單項錦標賽與新設立的蘇迪曼盃賽事同時間、地點舉行。

蘇迪曼盃（Sudirman Cup）

羽球是印尼的國球，蘇迪曼盃是印尼羽球協會代表向國際
羽聯捐贈的獎盃，是一座極富民族特色，象徵印尼人民對羽球
熱愛的獎盃。

1986年，國際羽聯召開的理事會上提出了舉行混合團體賽
的建議，1988年，國際羽聯接受並指定混合團體賽與單項錦標
賽同時舉行的事宜，決定將蘇迪曼盃作為混合團體賽的冠軍獎
盃，1989年，在印尼舉行了第一屆蘇迪曼盃與第六屆世界羽球
錦標賽，同時規定比賽每二年舉行一次，逢雙數年是湯姆斯盃
及優霸盃，單數年是蘇迪曼盃。

蘇迪曼盃比賽安排與世界錦標賽同一時間、地點舉行（先
進行雙邊比賽，緊接著進行世界錦標賽）。蘇迪曼盃比賽採用5
場3勝制，由男子單打、女子單打男子雙打、女子雙打和混合雙
打五個項目組成。

奧運羽球（Olympic Games）

奧運會羽球賽是世界上最受矚目、水準最高的賽事。1970年國際羽聯開始著手準備進入奧運會的工作，但直到1985年，在國際奧委會第90次會議上才決定將羽球列為奧運會的正式比賽項目。1988年漢城奧運會上，羽球被列為表演賽，在1992年的巴塞隆那奧運會最後終於設立羽球為正式比賽項目，奧運會羽球賽不僅是當今世界羽球最高水準的賽事，更具象徵的意義。

在1992年的巴塞隆納奧運會上，羽球項目設有男單、女單、男雙、女雙四個項目，1996年亞特蘭大奧運會上增設混合雙打項目，使奧運會的羽球項目擁有5枚金牌，列入奧運會獎牌大戶之列，成為各國高度重視和爭奪的焦點項目。

國際奧委會對奧運會羽球項目參賽選手名額有嚴格的限制，比賽根據世界排名，選出前32名單打選手、19組雙打選手和17組混雙選手直接參加奧運會，但每個項目至少包括有5大洲的各1名選手和1組選手。每1個國家和地區在1個項目中最多只能有3個席位，多出的席位將讓給後面排名的選手。

　　2000雪梨奧運我國羽球國手黃嘉琪首次擠入女單第五名，這已經是我國羽球史上最佳成績，而在2004雅典奧運中，我國選手鄭韶婕表現亮麗，力擒韓國選手，打入女單第五名，平了我國羽球史上最佳成績，期盼我國優秀選手能再接再厲，再創佳績。

國際羽球規則
重大改變

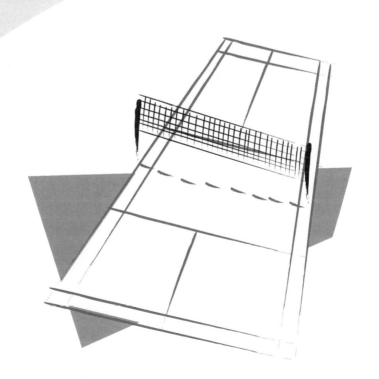

國際羽球規則重大改變

球員

1. 「球員」是指參加比賽的人員。

2. 雙打比賽每方兩位球員,單打比賽每方一位球員。

3. 有發球權的一方稱為發球方,其對方稱為接球方。

球場及球場設備

1. 球場為長方形而其所有界線寬度均為 40公釐,如附圖 A。

2. 網柱的高度,自地面量起應為1.55公尺。不論是單打或雙打
   比賽,網柱都應置於雙打場地的邊線上,如附圖A。

3. 球網高度自場地地面中央量起應為1.524公尺,但自雙打邊線
   的網柱量起應為1.55公尺。

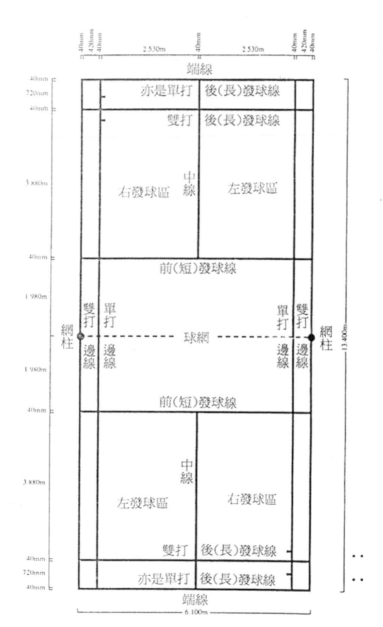

圖A
註：球場斜對角長度 = 14.723m

球拍

1. 球拍的拍框，其總長不能超過 680公釐，總寬不超過 230公釐。球拍各部份的描述如圖 B。

2. 球員手握住的部份是握把。

3. 拍線區域是球員用來擊球的部份。

4. 拍頭支撐拍線區域。

5. 拍柄連接拍頭和握把。

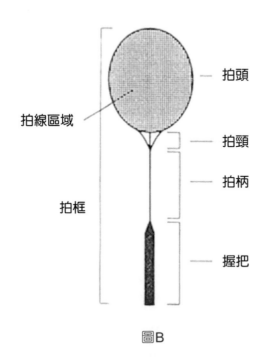

圖B

比賽之選擇權

比賽開始前，雙方擲硬幣卜勝，勝方根據規則作選擇。

1. 先發球或接球。

2. 開始比賽之場地一邊或另一邊。負方行使剩餘之選擇權利。

計分

1. 除另有安排外，比賽最好採三局二勝制。

2. 由先得21分的一方獲勝一局。

3. 某方獲勝一球及增加其得分一方的計分。

4. 假如分數到達 29平分，獲得第 30分的一方獲勝此局。

5. 如分數到達 20平分，某方先獲得 2分領先者獲勝此局。

6. 勝一局者，在次局比賽中，首先發球。

換邊

球員換邊：

1. 第一局賽完時。

2. 在第三局開始前。

3. 在第三局，或在只有一局決勝負的球賽，某方分數達到11分時。

發球

正確的發球：

1. 發球時，雙方不能以不當的理由及動作，延誤發球。發球方及接球方應站立於斜相對的發球區並不得踩及其界線，二人的雙足必需部份與場地面接觸，並固定不得移動位置，直到發球動作完成。

2. 發球員的球拍擊到球體底座的瞬間，整個羽球應在發球員的腰部下方。

3. 發球員開始發球時，其球拍的移動必須朝前連續不斷，直到發球動作完成。

4. 發球員的球拍應擊到羽球的基座。

5. 球員們一經就位，發球員首先向前移動其球拍，發球即行開始。

6. 接球員未準備就緒前，發球員不能發球，但是接球員只要有還擊的動作，就算已有準備。

7. 一經開始發球，該球就應為接球員擊到或落到地面。

8. 雙打發球時，只要不妨礙發球員或接球員的視線，雙方的同組球員，可站於場區任何地點。

單打

1. 球賽中，當發球員得分為零分或偶數時，發球員及接球員須站於右發球區發球或接球。

2. 球賽中，當發球員得分為奇數時，發球員及接球員須站於左發球區發球或接球。

3. 比賽中，羽球被發球員和接發球員在球網己方一邊的任何位置擊球，直至羽球在比賽中停頓為止。

4. 如果接球方『犯規』，或羽球因落到場地內的地面而停頓，則發球方得一分並繼續發球。

5. 如果發球員『犯規』，或羽球落到發球員場地之內的地面，則接球員得一分，這發球員喪失繼續發球的權利，同時接球員成為發球員。

雙打

1. 比賽一開始及發球方得分為零或偶數時，球員都應自右發球區開始發球。

2. 當得分為奇數時，發球方的某位球員應自左發球區發球。

3. 只限接球員接擊發球，假使羽球被接球員的同伴觸及或打擊，發球方得一分。

4. 發球被擊回後，可由發球方任一球員拍擊，其後接球員也同樣的任一球員都可以回擊，直到羽球在比賽中停頓為止。

5. 發球被還擊後，球員可在己方球網一邊的任何位置擊球。

6. 如果接球方『犯規』，或羽球因落到場地內的地面而停頓，則發球方得一分並繼續發球。

7. 如果發球方『犯規』，或羽球因落到其場地內的地面而停頓，發球方失去繼續發球的權利，接球方得一分。

8. 接球員在球賽開始前，當發球方為零分或得分為偶數時，應在其右發球區接球，否則在其左發球區接球。

9. 如果比賽20比20『平分』後必須連續贏對方二分才算贏。

10. 如果發球方贏得一球，則發球方得一分，發球員再由另一發球區發球。

11. 如果接發球方贏得一球，則接發球方得一分，而接發球方變成新的發球方。

12. 任何比賽中，發球權的更換，自最先站在右發球區發球的球員，

到最先接發球員的搭擋，

到最先發球員的搭擋，

到最先的接發球員，

到最先的發球員並依此類推。

13. 每一球員不得發球、接發球次序錯誤，在同一局中不得連續兩次接發球。

14. 獲勝方的任一球員均可在次一局中有首先發球的權利，同時失敗方任一球員在次局亦可先接發球。

15. 除『發球區錯誤』及『重行發球』的情形外，每一球員不得發球、接球次序錯誤，在同一局內不許連續兩次接發球。

16. 獲勝方其中的某一球員在下一局有首先發球的權利，同時敗方的任一球員都可接球。

發球區錯誤

球員的發球區錯誤：

1. 發球者次序錯誤。

2. 在錯誤的發球區發球。

3. 站在錯誤的發球區已準備接球，並且已經接擊此球。

4. 站錯發球區。

如果已發現發球區錯誤，這錯誤必須更正同時現有的分數要照算。

犯規

下列情形為『犯規』：

1. 如果發球動作不正確。

2. 如果發球員已意圖發球，但未擊中羽球。

3. 如果發球後，羽球過網被網纏住或停在網上。

4. 如果羽球在比賽進行中，發生下列情形為『犯規』：

(1) 落於場地界線之外。

(2) 自球網或其下方穿過。

(3) 未過網。

(4) 觸及屋頂天花板或牆邊。

(5) 觸及人或球員服裝。

(6) 觸及任何別的物體或圍在場地四周的人。

（場地建築必須考慮用於羽球比賽者：當地羽球主辦單位，許可地區羽球協會有權制定次於規則的條文，如討論羽球觸及障礙物的處理方式。）

(7) 如果在球賽中，最初的擊球點，不在擊球員網的這一邊（但是，擊球員於自己的場地擊球後，球拍可隨球過網）。

5. 在羽球比賽中，如果球員有下列情形為犯規：

(1) 以球拍、球員身體、或其服裝觸及球網或其支撐物。

(2) 除以上規則4之(7)允許者外,球拍或球員有任何程度的
侵入。

(3) 在比賽中,球員故意以喊叫手勢或不當行為,影響對方
球員。

6. 如果在比賽中的羽球發生下列情形為犯規:

(1) 羽球被球拍纏住或持球,以及擊球時羽球被球拍吊懸
時。

(2) 同一球員連續兩次擊中羽球。

(3) 同隊兩位球員同時擊中羽球。

7. 如果球員是惡意的犯規,反覆不斷違犯規則者。

8. 當羽球越過球網之際,阻擋對方合法的擊球。

重行發球

1. 『重行發球』由裁判員或球員宣告(如果沒有裁判員時),
以暫停比賽。

2. 『重行發球』可於任何不可預知或偶然的情況中發生。

3. 除了發球,如果羽球越過球網,被網纏住或停在網上,應
『重行發球』。

4. 如果發球時,接球員及發球員雙方同時犯規,應『重行發球』。

如果接球員尚未準備而發球員即發球，應判『重行發球』。

6. 如果比賽中，羽球破損並和羽球座分離，應『重行發球』。

7. 如果司線員未能視及，而裁判員也未能作判決之情況下，應『重行發球』。

除『發球區錯誤』之規定外，判『重行發球』就是指該次的發球不算，由原發球者再發一次。

休息時間

1. 在每局某方先到達 11 分時得有不超過 60 秒的休息。

2. 在所有比賽中都允許在局和局之間得有不超過 120 秒的休息。（有電視轉播的比賽，裁判長在賽前應決定休息時間是強制的且固定的）。

暫停比賽

1. 非球員所能控制之特殊情事發生時，裁判員認為必要，可暫停比賽一段時間。

2. 有特殊情況時裁判長可指示裁判員暫停比賽。

3. 如比賽必須暫停時，雙方分數保留，比賽繼續時，由保留分數算起。

延遲比賽

1. 無論任何情況下，不得為了使一球員獲得恢復體力或調整呼吸或接受指導而延遲比賽。

2. 裁判員是唯一能夠判定比賽暫停之人。

指導及離開球場

1. 只有在球不在飛行時，球員才能在比賽中接受指導。

2. 規定之休息時間，未經裁判員之允許，球員在比賽中不得離開球場。

每球得分新制說明

1. 每局由先得21分一方獲勝，3局2勝制。

2. 20平分時需連贏2分獲勝一局。如：22比20、25比23。

3. 29平分時先得到30分的一方獲勝一局。

4. 每球的獲勝方得到一分的加分。

5. 每球獲勝方有次球的發球權。

6. 每局某方到達11分時休息60秒，（1、2）（2、3）局間休息120秒。

7. 單打時球員獲得零分或偶數分時在右發球區發球及接發球，

奇數分時在左發球區發球及接發球。

8. 雙打時獲得零分或偶數分時由應站在右發球區球員發球，奇數分時由應站在左發球區球員發球，並由相對應的發球區球員接發球。

9. 雙打時球員不交換發球區，除非是在發球時贏球得分，該球員再由另一發球區發球，並保持該位置。

   － 原則上雙打任何一方選手都會輪流有發球權。

   － 裁判及球員要記住上一球的發球區。

10. 決勝局某方分數先到達11分時雙方選手換邊。

11. 發球規定

    － 發球時球拍應指向下（**取消原規則球拍頭最高點應低於握拍手的最低點**）。

    － 新增延遲發球規定（球拍向後及準備發球的動作不可過久）。

    － **腰的定義（肋骨最下緣的想像橫切面）**。

12. 發球區錯誤

    － 舊規則是發生發球區錯誤後，這錯誤必須更正。

    － 新規則是發生發球區錯誤後，無論輸贏，將不更正錯誤，球員保持在錯誤的發球區或錯誤的發球員。

13. 教練指導

    － 教練可在比賽中指導選手，除了（球在比賽中）之外。

－教練應坐在指定座位中，不可站立場邊指導選手。

－**局間60秒休息時教練留在座位上，選手可至教練座位前接受指導；120秒休息時教練可進場隨著選手換邊後指導。**

－若裁判認為球員被對方教練所干擾，可判（重新發球）。

－教練干擾比賽若經裁判制止不聽，可能被裁判長請出會場。

14. 球員離場

－只在法定休息時間允許。

－除了法定休息時間，擦汗喝水將不被允許。

－由於場地有汗水要求擦地，球員仍須留在場內不可藉機離場擦手等。

－球員在場地繞圈子拖延時間不許可。

15. **換球**

－**舊規則規定只要雙方選手同意換球，裁判不得拒絕。**

－**新制規定雖然雙方選手同意換球，裁判認為羽球仍然良好，可拒絕換球。**

16. 線審判決

－已經開始試用**主審可更改線審判決**。

－這更正必須是主審主觀的、主動的更正，而不是在選手或教練或觀眾的要求下更正。

羽球規則－落地得分雙打發球位置

A和B對C和D的雙打比賽。A和B贏了挑邊並選擇了發球。A發球C接發球。A為首先發球員，而C則為首先接發球員。

過程及解釋	比分	發球區	發球員和接發球員	贏球方	
	0-0	從右發球區發球（因發球方的分數為雙數）	A發球，C接發球（A和C為首先發球員和首先接發球員）	A和B	C D / B A
A和B得1分。A和B交換發球區，A從左發球區再次發球。C和D在原發球區接發球	1-0	從左發球區發球（因發球方的分數為單數）	A發球，D接發球	C和D	C D / A B
C和D得1分，並獲得發球權。兩人均不改變各自原發球區（即原站位）	1-1	從左發球區發球（因發球方的分數為單數）	D發球，A接發球	A和B	C D / A B
A和B得1分，並獲得發球權。兩人均不改變各自原發球區（即原站位）	2-1	從右發球區發球（因發球方的分數為雙數）	B發球，C接發球	C和D	C D / A B

C和D得1分，並獲得發球權。兩人均不改變其各自原發球區（即原站位）	2-2	從右發球區發球（因發球方的分數為雙數）	C發球，B接發球	C和D
C和D得1分。C和D交換發球區，C從左發球區發球。A和B不改變其各自原發球區（即原站位）	3-2	從左發球區發球（因發球方的分數為單數）	C發球，A接發球	A和B
A和B得1分，並獲得發球權。兩人均不改變各自原發球區（即原站位）	3-3	從左發球區發球（因發球方的分數為單數）	A發球，C接發球	A和B
A和B得1分。A和B交換發球區，A從左發球區再次發球。C和D不改變其各自原發球區（即原站位）	4-3	從右發球區發球（因發球方的分數為雙數）	A發球，D接發球	C和D

　　注意以上的意思為：發球員的順序與單打中的順序一樣，即以分數的單數或雙數來決定只有發球方在得分時才交換發球區，除此之外，運動員繼續站在上一回合的各自發球區不變，以此保證發球員的交替。

以上資料根據國際羽總及中華民國羽球協會提供資料整理而成，2006國際羽球最新規則中文版請參閱中華民國羽球協會網站（http://www.ctb.org.tw/）。

新制的特色

1. 整場的節奏速度加快。沒有喝水...等等的拖拉行為。

2. 只有發球方互換位置，守方不必換。

3. 攻方還是在搶前3拍

4. **零分與偶數分是在是在右區發球，奇數是在左區發球。**

5. 可看性高。每球都是高潮與加油聲。規則易懂，節奏加快，非常適合雙打的特色。優點是速度加快，雖然實力是很重要，但是大家打下來的共同心得是，球球必爭，不得鬆懈，輸的大都是自己的失誤。也就是技術要更加全面，步法一定要到位，手部的動作才能充分展開做攻擊或是防守。

6. 由於速度快，且球落地就有人得分，造成得分快，失分也快，考驗對陣雙方的心裡素質。其他的反而是淪為次要的。

7. 業餘隊的雙打比賽，平均大約11-13分鐘。若是以往的話，也要20-25分鐘。這對後面等候上場的球友是一大福音。這對球隊的場地管理很好應用。

8. 對球隊的管理的用球方面更是好管理，因台灣是用最好的鵝毛羽球，應該一個足夠用。以前大概是用一個半的。因為對陣的時間縮短，球隊的用球幾乎可以控制在1個。對於中上程度球友對陣的重型扣殺，大概2只球就夠了。

9. 此21分制法，僅是對守舊習慣者不適應，以及非強力進攻型的球友來說是比較吃虧。這種打法不太適合喜歡打多拍，以及場上4人技術欠佳（因為4位技術欠佳的人通常都是互相在對方不易打到的高遠球－不是真正的後場底線高遠球），他們可以憑藉舊制的雙發球權，雙方都在場上對抗，可增加打球的樂趣，而現今規則對於技術不佳的選手會覺得沒有打到就落敗了。

初學羽球

羽球

基本技術介紹

羽球技巧＿握拍

在羽毛球各項基本技術中，握拍是最簡單但又最易被初學者疏忽的一項技術。看起來，握拍很容易，誰都能抓起球拍揮舞幾下，但要想提高球技，打起球來得心應手，就非得從握拍這最簡單、最基本的一環學起，掌握適合自己的握拍方法。以下是幾種基本握拍方法的圖例。

（一）正手握拍

正確的握拍方法是先用左手拿住球拍桿，使拍面與地面垂直，然後張開右手，使手掌下部靠在球拍握柄底托，虎口對著球拍柄窄的一面，小指、無名指、中指自然地併攏，食指與中指稍稍分開，自然地彎曲並貼在球拍柄上。在擊球之前，握拍一定要放鬆、自然，在擊球的一刹那才緊握球拍。

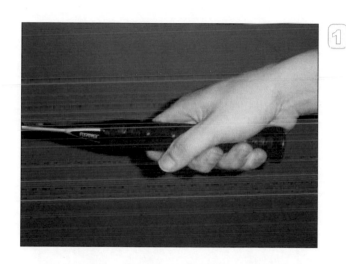

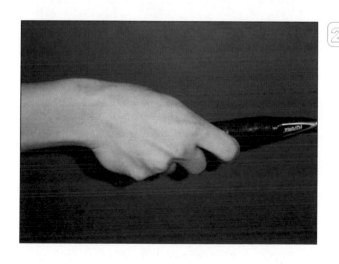

（二）反手握拍

　　正確的反手握拍為在正手握拍的基礎上，把球拍框往外轉，拇指伸直貼在拍柄的寬面上，食指、中指、無名指、小指併攏。反手握拍時，手心與球柄之間要留有空隙，這樣握拍有利於手腕力量和手指力量的靈活運用。

　　簡單得說將大拇指貼在較寬的拍柄上（球拍有mark的一邊），此法可加重擊球的力量，主要是以肩關節帶動大臂→小臂→手腕→大拇，手肘為支點，手腕微收，再以手腕及大拇指的力量，即可順利的擊出反拍。

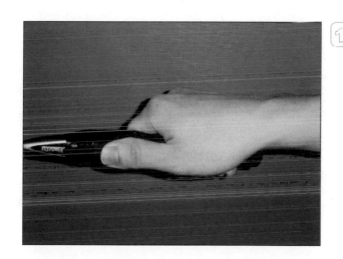

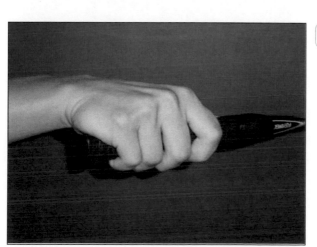

　　正確的握拍學起來容易，但在實際運用中卻要花一定的功夫才能掌握。因為在擊球要領還未掌握時，握拍常容易走樣，以致動作重新回到原來的錯誤習慣上去。所以，在練習擊球時，要隨時提醒自己，檢查握拍是否正確，經過一段時間後，就會形成正確的握拍習慣。

羽球技巧__持球法

（一）羽毛部持球法

　　持球時就是將球頭朝下，利用大拇指及食指輕輕持羽毛部份。

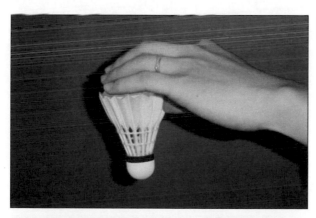

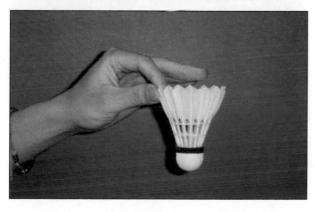

（二）球腰部持球法

持球時將球頭朝下，然後利用大拇指、食指及中指輕輕持
球腰部份。

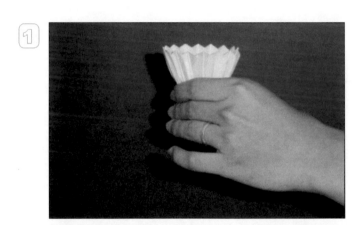

（三）球頭部持球法

持球時就是利用大拇指、食指及中指輕輕持球底座（頭）部份。

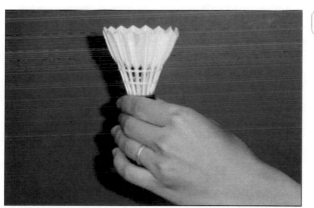

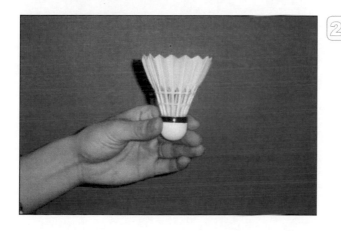

羽球技巧__發球

　　發球是羽球比賽中最基本也困難的一種，因為發球的好壞影響整局的情勢，簡單的說，必須由下向上擊球，而且一定要等對方接球員準備好才能發球，不可以像排球、桌球、網球一開始就發動攻擊。

（一）發高遠球（high serve）：

　　目的是為了把球打向對方底線讓球從很高的地方垂直落下，且使對方移動。

　　發高遠球的擊球法（以慣用右手者為例）：左腳朝向要打的方向（對角線），右腳自然站立，以面向所欲打之目標，且兩腳微開，以輕鬆自然站穩不晃動、重心穩為原則，左手持球置於身體中間偏右，高度介於腰部及胸部之間，持之手，手肘微彎（如圖1），擊球（球拍）手輕輕向後拉（如圖2），持球手輕輕放下球後，執拍手同時揮動球拍，肩膀放輕鬆、不抬起（如圖3），手臂自然彎曲至擊球一瞬間，手腕向左肩上方揮動，讓球飛得又高又遠（如圖4）。

正手發高遠球

（二）發短球（小球）（low serve）：

目的是要將球擊向對方發球線附近，且高度以靠近網子高度為原則。通常以雙打比賽機率使用率較高，擊球時手臂自然彎曲，以較小的揮拍動作擊球，輕輕將球送出，拍面朝前，不可朝上。

 發短球（小球）的擊球法：原則上發短球（小球）的預備動作和發高遠球一樣，不同的地方在於發高遠球的動作較大而發短球的擊球動作越小越好，高遠球的擊球瞬間是利用手腕的力量，而短球是利用微微的腕力及手指輕輕推打出的力量擊球。

正手發小球

2

3

反手發小球

③

羽球技巧＿接發球

　　接球員要站在與發球員呈對角方向的接球區內，隨時注意避免犯接球員所易造成的錯誤。單打比賽時，接球員宜站在接球區的中場，因單打的區域較大，且單打比賽以發長（高遠球）球為主，目前有許多國際級的男單選手則以反拍小球為主，而雙打比賽時，接球員宜站在距發球線較近的位置，且必須將球拍舉起，隨時準備出手，已爭取第一時間出手，讓我方成攻擊形式。

單打接發球
適當位置

雙打接發球
適當位置

上手技術

（一）正拍高遠球（長球）的擊球法（forehand clear）

　　準備動作為雙腳張開與肩同寬，膝蓋微彎（如圖1），眼睛看到球的同時身體微微側面，左腳在前，右腳在後，手肘打開並彎曲兩隻手成一個三角形，請特別注意重心不要後移，只是將手肘打開以增加大幅度的揮動球拍向前揮拍擊球（如圖2），擊球點要在較高的位置效果會比較好（如圖3），因為從高位置擊出的球速度較快，攻擊性較高，且爭取球落下的擊球時間，擊球點在頭頂前上方易擊中。

　　初學者要在學習時要學習習慣擊球點在頭頂前上方，所以在訓練初學者時盡量將球擊到學習者頭頂上方，讓初學者有足夠的時間作完整的動作，相對的如果訓練者無法順利將球擊到初學者頭頂上方，初學者也必須學習趕快移動到適當的位置，讓自己懂得如何抓住最佳擊球點，所謂的最佳擊球點即是將手臂往前擊球時加上球拍長度等於最佳擊球點（如圖3）。擊完球後就轉為餘勢這個動作的目的是要抵銷揮拍的力量（如圖4），在擊球時手腕要比球拍前端先揮出去，在伸直手腕的位置擊出球後，控制住球拍前端快速移動的方向，使球拍在適當位置停止振動，如果不利用手腕的力量易造成手臂受傷及擊出的球無法達到要擊球的目標。

④

利用手腕的力量來控制球拍是相當重要的,需勤加練習,在這裡可以建議初學者將球用棉線綁著,位置調整配合初學者將手臂伸直的高度,勤加練習擊球點,同時,左手可以是身體保持平衡,並有助於瞄準及控制揮拍的力量,所以必須配合動作搖擺,許多人習慣只用一隻手打球,是無法將力量使出來的。

(二)反拍高遠球(長球)的擊球法(Backhand clear)

此種擊球法和正拍擊球一樣,盡量選擇高擊球點,但此種屬於高技巧性,對於有基礎者學習較適宜。左腳略跨前,身體轉身(如圖1),身體微彎,右腳再跨一步(如圖2),將彎曲

1

的手肘放輕鬆，球拍前端朝下收緊腋下（如圖3），然後以手肘為支點，小手臂為擺距，然後揮拍（如圖4）。要看準當球達到最高點時再擊球，擊球後用手腕控制住球拍，手腕控制的餘勢減弱後，將揮往前方的右腳右側之球拍收回。

④

（三）平抽球（Drive）

　　要將球打的剛剛過網，並且與地面平行的方向擊球，主要
以側手擊球方式打球，目的在於將球送到對方防守的空檔，這
種擊球多被利用於雙打比賽時，彼此為了爭奪控制權而你來我
往的抽球，這種球在身體側後方擊出就不易控制其方向，所以
要在身體側前方擊球，並且一腳跨前是最基本的擊球動作，而
如果來球是在肩部以上和頭頂以下時，人依高度通常通常採用
半蹲式站法，在身體前面部位將球平打出去，通常這種球，將
球拍舉到頭上的速度要快，左右移動要快，才較有機會將擊出
的球具攻擊性。

77

① 正手抽球正面

② 反手抽球正面

正手抽球側面

反手抽球側面

頭頂上平抽球

1

準備

2

舉拍

③

擊球

（四）殺球（Smash）

　　殺球之準備姿勢與高遠球相同，只是在最後關頭增加一些動作，並且使勁揮拍，向下擊出，所做的動作是指身體之重心由後腳快速向前腳，簡單的說就是藉由向下擊出之力量將重心轉移由後足向前跨出一步，也就是說如果僅僅是向下擊出，不等於殺球，必須在擊球的同時將身體及手腕、手臂的力量向前、向下才是完整的殺球，最後一點要說明的就是為了能夠有效的殺球必須快速移動到球落下的地方，並且精確的抓到擊球點是殺球訓練中重要的一環。

殺球擊球拍面

（五）切球（Drop）

　　準備姿勢及揮拍過程與高遠球、殺球差不多，唯有在拍面
接觸球身之一刹那，突然轉動拍面，斜切球基（球頭）使球身從
高處墜下，切球拍面的角度是要看你想打到哪裡去如果想切直線
（（正面球路）），拍面的角度就會比較小，如果想切對角（（斜
邊球路）），拍面的角度就會比較大，建議初學者剛開始在學
時，切球時的手肘往前送，讓球飛行的路線較長，會較不容易失
誤，練習一段時間後，控制拍面較穩定後，再練習將切球時的擊球

點再提高，瞬間角度扣下，愈能貼近網邊，一旦過網，便迅速墜落於『近發球線』之前方地面，切球並非輕打之球，原則上需具備三個條件，一是打擊方法必須用切的；二是球的軌跡必須是由高往下墜的；三是球落地必須迅速。輕打是『碰』的很難有這些效果。切球也可分為慢墜球（slow drop-shots）和快墜球（fast drop-shots）兩種其差別在於：前者最初一般軌跡有向上之勢，故落地較慢，而後者之軌跡乃是一貫而下，故落地較快。

①

切球擊球拍面

網前技術

（一）網前球（net shots）

就是在發球線前貼近網附近的球，初級者遇到來球時，及時伸手舉拍，使拍面向上，在網頂下二、三吋處，輕輕的碰一下即可，而已有基礎者可學習在進網的頂處越網而過，將墜落時，網頂下二、三吋處連拖帶搓加以回擊，其效果是球身翻滾越往而過，一方面解除危機，一方面為對方製造回擊之困難，這種打法亦稱為搓球，屬於高級動作。

正拍網前球

① 準備

跨左腳一小步

跨右腳一大步

反拍網前球

準備

跨左腳一小步

③

跨右腳一大步

（二）挑球（lift'lob）

　　挑高遠球是指把落在網前場區的球，以下手由下向上把球
打高回擊至對方後場底線上，這是一種比較被動及防守性的技
術，正手挑球的要求是要把球挑得又高又遠，讓自己有足夠的
時間回防準備下一個球，及減少對方的攻擊力。

初學
羽球

步法起動先跨左腳（圖1）再跨右腳（圖2），幾乎與引拍同時且逆向進行，當起動第一步左腳時，即引拍開始向後下方延伸，手腕成開放式。大約從右前方45度跨出穩定的第二步右腳，右腳有著牽引手腕帶動球拍的感覺（圖3），由下往上將球

自然擊出並收拍於左肩（圖4）。擊球點大約在膝蓋高度，由下往上挑出又高又遠且垂直落下的球，此時運用右腳尖後蹬的力量，順勢將身體重心往後帶且回覆原來的準備動作。

（三）撲球（push shots）

當對方擊過來的球，剛剛越網，即上前，在網的上方，舉拍
把球撲向對方的場區內。撲球時，動作要小，出手要快，在球拍
面與球托接觸的一剎那，運用手腕與手指力量把球撲壓下去。

羽球步法介紹

　　步法的學習是一個長時間的過程，只有熟悉了步法才能更好好的去運用它，步法的關鍵是要有一個適合自己的節奏，這樣跑動起來才不會亂！最關鍵的是要做到最後一步正確上網時，最後一步右腳在前，重心在右腳上，步幅，後退時，最後一步右腳在後，重心在右腳上。向右移動時，右腳在前，重心在右腳上。向左側移動可視情況左腳在前或右腳在前，重心應在前面一隻腳上。

（一）米字步法

1.上網步法

上網的基本步法由原心站位出發，以跨二步為主要步法，正反拍上網步法相同，唯方向不同。

上網右步法

上網左步法

2.兩側步法

兩側的基本步法由原心站位出發，正拍側面步法以跨一步或跨一小步再併一步為主要步法，反拍側面步法則以轉跨一步為主要步法。兩側的應用步法與基本步法相同，唯應再加以練習反拍側面跨一步的步法。

兩側步法

準備

跨一小步

③

再併一步

3.後退步法

　　後退的基本步法是由原心站位出發，正拍後退步法以後跨三步退為主要步法，其一為最新步法，適合初學到專業人士，簡單又快速，即右腳跨一步，再視球落下來的距離，直接併步移動到球落下來的位置。其二，為左腳後退、右腳跨一步、再併一步。

後退右步法（其一）

準備

右腳跨一步

併步

④

再跨一步

5

併步

6

至適當位置
準備擊球

後退左步法（其一）

1 準備

2 右腳跨一步

③ 併步

④ 再跨一步

併步

至適當位置
準備擊球

初學羽球

後退右步法（其二）

左腳一小步

右腳跨一步

102

3

併步

4

至適當位置
準備擊球

後退左步法（其二）

左腳一小步

右腳跨一步

併步

至適當位置
準備擊球

初學羽球

結語

　　閱讀到這裡，我相信大家對於羽球運動已經有了一個完整的認識與瞭解。一開始從你不能不知道的羽球常識：「羽球歷史、羽球運動禮儀」，「球具與周邊配備的說明及維護保養」，到「熱身與收操」、「羽球運動傷害之成因與處理」，循序漸進，完整架構，讓大家對於羽球運動具有一定程度的先備知識。到國際羽球大賽源由：瞭解目前羽球運動的各類競賽與最高榮譽，以及我國在羽球運動的發展佳績。

　　然後進入到羽球學習的殿堂：羽球技術介紹，從基礎技術「握拍的方式」、「持球的方法」、「發球」、「接發球」，到進階的「上手」、「網前」技術及關鍵的「各式步法介紹」，透過文字的說明與圖片的示範，讓大家能有更清楚的體會與瞭解。不管是剛開始接觸羽球運動者、或追求自我技術能力再提升者，都可以在這本書中，找尋到你所需要的答案。

　　不過身為作者，在這裡還是要提醒你，所有的學習過程必須要是一種「主動式的學習」，雖然書中告訴了你羽球的相關知識與各類技術，並示範了動作的步驟，但不代表有了這本書就可以成為羽球高手。因為所有這些知識與技術，對於剛開始接觸羽球運動者可以「以為獲得羽球相關資訊而閱讀」，不過在追求自我技術能力再提升時，則必須「為增進理解而閱讀」，必須確實的去實施，反覆練習，在你所知道的羽球知

識裡，掌握更高層次的啟發，當然這本書也能夠給予這樣的
協助。

　　最後跟大家分享的是：羽球是一種講求「力」與「美」的
運動。在球場內除了要用手臂和手腕的動作來擊球，還需要搭
配全身做出姿勢來配合擊球，以及靠步法來移動位置，這三類
身體的動作講究過程的輕巧和協調，此外羽球運動更講究球員
的氣質和風度，在服裝、舉止都需具備優雅之美，因此，期待
學羽球之人，不僅具備正確的動作技巧，也需將禮儀及道德表
現出來。才可產生美的形象。

國家圖書館出版品預行編目

初學羽球 / 高幸利著. -- 一版. -- 臺北市：
　　秀威資訊科技, 2006[民95]
　　　　面；　公分. -- (社會科學類 ; PF0021)
　　　ISBN 978-986-6909-10-8(平裝)

　　1. 羽球

528.959　　　　　　　　　　95021230

社會科學類　　PF0021

初學羽球

作　　者 / 高幸利
發 行 人 / 宋政坤
執 行 編 輯 / 周沛妤
圖 文 排 版 / 張慧雯
封 面 設 計 / 莊芯媚
數 位 轉 譯 / 徐真玉　沈裕閔
圖 書 銷 售 / 林怡君
網 路 服 務 / 林孝騰
出 版 印 製 / 秀威資訊科技股份有限公司
　　　　　　台北市內湖區瑞光路583巷25號1樓
　　　　　　電話：02-2657-9211　　傳真：02-2657-9106
　　　　　　E-mail：service@showwe.com.tw
經 銷 商 / 紅螞蟻圖書有限公司
　　　　　　台北市內湖區舊宗路二段121巷28、32號4樓
　　　　　　電話：02-2795-3656　　傳真：02-2795-4100
　　　　　　http://www.e-redant.com

2006 年 11 月　BOD 一版
定價：170元